Diseño Gráfic[...]
Lisbeth Ba[...]

Productores
Mariana Chiza y Patricia Betancourt

Editora y redactora
Luz Delia Reyes Plazas

Edición y Montaje
David Vázquez

Todos los derechos están reservados.
Editorial Women Breaking Barriers.
www.women-breakingbarriers.com
@women.breakingbarriers

Contenido

Estimados lectores,

Nos llena de alegría y satisfacción presentarles la revista "WOMEN BREAKING BARRIERS", un sueño que ha tardado más de diez meses en convertirse en realidad. Gracias al esfuerzo de un dedicado equipo y nuestros valiosos aliados, hoy tienen en sus manos nuestra primera edición.

Esta revista nace con el propósito de dar voz a todos, permitiendo que rompamos barreras, de cualquier índole a nivel personal, o en la sociedad. Es un espacio

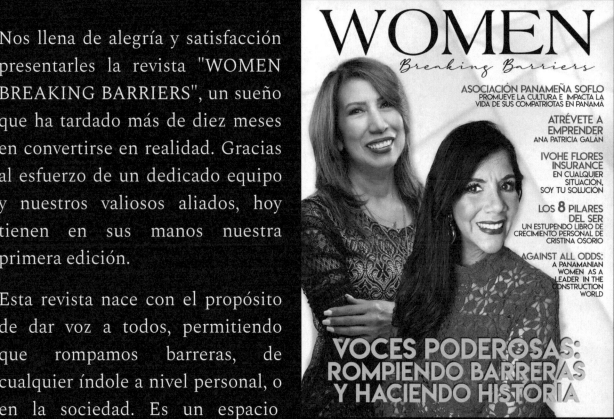

auténtico que aborda temas que interesan a la comunidad y promueve el crecimiento personal. Aquí encontrarás literatura, consejos para la vida diaria, moda, salud, estilo de vida, construcción, marketing digital, recomendaciones de lectura, eventos y mucho más. Nos hemos esforzado en ofrecerte una publicación de calidad que tenga un impacto en tu vida.

Esperamos que disfruten de esta revista y les agradecemos profundamente por contribuir a hacer realidad este sueño.

Mariana Chiza y Patricia Betancourt

WOMEN BREAKING BARRIERS

Voces poderosas: rompiendo barreras

En un mundo donde la igualdad de género y la representación de las mujeres en todos los ámbitos son fundamentales, **Women Breaking Barriers: Mujeres con Voz Propia** se ha destacado en los últimos 10 meses del 2023, como una plataforma que no solo promueve la igualdad, sino que también brinda servicios editoriales de alta calidad a mujeres que desean escribir sus relatos.

La escritura es una forma poderosa de expresión, y **Women Breaking Barriers** comprende la importancia de dar voz a las mujeres en un mundo donde sus experiencias, pensamientos y talentos a menudo pasan desapercibidos. Los servicios editoriales que ofrecen se centran en ayudar a las mujeres a dar vida a sus historias, sin importar si se trata de memorias, novelas, poesía o cualquier otro género literario.

Una de las principales ofertas de **Women Breaking Barriers** es el servicio de asesoramiento y mentoría literaria. A través de este servicio, las autoras reciben orientación personalizada de parte de las escritoras y editoras, **Mariana Chiza y Patricia Betancourt**. Esto incluye revisión de manuscritos, retroalimentación constructiva y consejos sobre cómo pulir sus escritos para que sean lo mejor posible. Este proceso es esencial para aquellas mujeres que buscan perfeccionar sus obras antes de auto-publicarlas.

Además del asesoramiento, **Women Breaking Barriers** ofrece servicios de edición profesional. **Mariana Chiza y Patricia Betancourt**, las editoras de la plataforma trabajan en estrecha colaboración con las autoras para corregir errores gramaticales y ortográficos, mejorar la estructura y el flujo del texto, y asegurarse de que la obra esté lista para su publicación. Esto es particularmente importante, ya que una escritura impecable aumenta las posibilidades de que un libro sea bien recibido por los lectores.

Otro aspecto importante de los servicios editoriales de Women Breaking Barriers es la ayuda en la auto-publicación. A menudo, las mujeres encuentran dificultades para navegar por el proceso de publicación por cuenta propia, que puede ser complicado y abrumador. Nuestra casa editorial brinda orientación sobre la publicación en línea, la creación de portadas atractivas y la comercialización de libros, lo que permite a las autoras tomar el control de sus obras y llegar a un público más amplio.

Un elemento distintivo de **Women Breaking Barriers** es su enfoque en historias que aborden temas de mujeres emprendedoras, empoderamiento y superación de obstáculos. Esta perspectiva única se refleja en su equipo editorial, que comprende la importancia de promover la diversidad y la inclusión en la literatura. Además, la plataforma organiza concursos y eventos literarios centrados en dar visibilidad a las voces femeninas y fomentar la discusión sobre temas relevantes.

En resumen, los servicios editoriales de **Women Breaking Barriers: Mujeres con Voz Propia** son una valiosa contribución al mundo de la escritura. Ayudan a las mujeres a contar sus historias de manera poderosa

y efectiva, al tiempo que promueven la igualdad de género y la representación en la literatura. Esta plataforma se ha convertido en un faro de empoderamiento literario para las mujeres, demostrando que sus voces merecen ser escuchadas y celebradas en todo su esplendor.

Mujeres con Voz Propia: Transformando Palabras en Poder

Web: www.women-breakingbarriers.com
Instagram: women.breakingbarriers
Email: info.womenbreakingbarriers@gmail.com

Vestuario y accesorios de Mariana Chiza y Patricia Betancourt de la Diseñadora Helga Terán

Instagram: @helga_teran

Facebook: Helga Teran Design

Commissioner Yvette Colbourne

A Hispanic Leader and Champion for Miramar's Diverse Community with Roots in Panamá and Jamaica

In the dynamic city of Miramar, Florida, one name stands out as a tireless advocate for the Hispanic community and a beacon of cultural diversity, a woman who has broken many barriers

Commissioner Yvette Colbourne

Born in Panamá to a Panamanian mother and Jamaican father, she brings with her a rich cultural heritage that has profoundly influenced her approach to public service. She moved from Panamá to Brooklyn at age 12, studied and graduated from high school and completed her first year of college in New York. Eventually Yvette moved with her parents to Florida, continued her studies at Miami Dade College, and graduated at Nova University. She met her husband Omar Colbourne in Florida, married him, and had two children. Her family has been living in the city of Miramar since around 1992. Yvette retired from Miami Dade County after 30 years of service.

Yvette Colbourne's journey to becoming a prominent figure in Miramar's political landscape is a testament to her dedication and community-driven spirit. Her understanding of the diverse backgrounds of Miramar's residents has been instrumental in shaping her work as a city commissioner since she was elected in March 2013. At the time, there were other women in public service, but she became the first Hispanic woman to serve as a commissioner in Miramar.

Miramar
★★★★★
All-America City
NATIONAL CIVIC LEAGUE ®
2021

One of Commissioner Colbourne's most notable contributions has been her tireless advocacy for the Hispanic community in Miramar. She understands the importance of creating an inclusive and supportive environment where residents of all backgrounds can thrive. Through her leadership, she has promoted cultural exchange programs, celebrated Hispanic heritage month, and organized a well-known festival, the "Miramar Latin Music Festival" since 2013 that brings the community together, among many more events and traditions that she has created for the benefit of everyone in Miramar.

Moreover, Commissioner Colbourne has fostered partnerships between Miramar and Panamanian organizations, further strengthening ties, and promoting business and trade relationships. As a matter of fact, she is one of the founding members of the South Florida Panamanian Association.

Commissioner Yvette Colbourne's commitment to Miramar extends far beyond her political role. Her dedication to bridging cultural divides and celebrating her Hispanic heritage has made her a beloved figure in the city.

In conclusion, Commissioner Yvette Colbourne's contributions to the city of Miramar, Florida, go beyond her political duties. Her dedication to the Hispanic community and her deep-rooted connection

TM

it's
RIGHT
HERE
in MIRAMAR...

to Panamá and Jamaica have made her a unifying figure in the city. Her legacy is one of unity, progress, and pride in Miramar's diverse heritage.

"Los 8 pilares del ser"

Es una obra esencial para aquellos que buscan una vida plena y equilibrada. A través de sus capítulos, la autora desgrana la importancia de mantener un equilibrio en variadas facetas de nuestra existencia, argumentando que sólo al prestar atención a cada uno de estos pilares, uno puede realmente avanzar de manera eficiente y fluida hacia el cumplimiento de sus objetivos personales y profesionales.

Cristina Osorio Noreña nació en Medellín, Colombia, en una familia marcada por el alcoholismo de su padre. Su infancia y adolescencia, estuvieron cargadas de mucha violencia. A los 19, emigró a Estados Unidos, enfrentando múltiples retos laborales y personales. Pese a adversidades como vivir indocumentada y enfrentar una crisis inmobiliaria, Cristina se convirtió en empresaria de network marketing

Instagram: @cristinaosoriofficial
Facebook: Cristinaosoriofficial
Youtube: @CRISTINAOSORIOFFICIAL

"Well behave women seldom make history" Laurel Thucker Ulrich- England 1976

My name is Marlene Ruiz, President and Founder of Ruiz Safety Solutions, LLC, and OSHA Authorized Construction Outreach Trainer. I have been a Construction Project Manager and Safety Officer in the residential and commercial industries for over 10 years. I am originally from Panama Republic where I was born and rise. I am a native Spanish speaker with a passion for Construction, and Safety. I founded Ruiz Safety Solutions with the vision of servicing the construction safety needs by utilizing my skills as a woman and a leader.

I bring a thorough understanding of project management and safety OSHA compliance training in a language that employees can understand. I offer a wide range of safety consulting and training services to address the diverse needs

Classes, Health, Safety & Environmental OSHA Trainings (HSE), Customize Safety Project Management, Accident Investigation and OSHA Mitigation and Routine Job Site Inspections and Auditing. You can learn more about my services by visiting www.ruizsafetysolutions.com or call/text (239) 940-3788.

How did I break barriers in construction? As an immigrant, we had to reinvent ourselves and sometimes, we had to try different career paths as try and error. I tried residential real estate, house cleaning, property management and home remodeling. When I worked supervising the projects of home retrofit and home improvements to better the resale of my real estate investors, it was when my passion for construction started. I took entry level jobs in construction, joined the Project Management Institute, furthered my education by completing a master's in information systems and prepared to obtain my OSHA Training Outreach education.

The demographic shows that 75% of the construction industry consist of Spanish speaking workers. Women make up 14% of construction industry professionals and this number is in the rise as more women find roles in construction and engineering jobs.

Misconception about gender specific roles is diminishing as more women join the construction workforce. Construction needs women because the industry is facing a skill shortage.

Women bring a variety of skills that benefit the construction industry.

Now – more than ever women are making a difference in construction. I challenge you to make history.

Written by: Marlene Ruiz, MS, OSHA Authorized Trainer, 10/7/2023
President and Founder of Ruiz Safety Solutions, LLC
Training Spanish-Speaking Construction Workers
www.ruizsafetysolutions.com
Call us/Text (239) 940-3788
Follow us: Instagram, LinkedIn, Facebook

En cualquier situación, soy tu solución...

Mi nombre es Ivohe Flores, soy Agente de Seguros y lo que más disfruto de mi trabajo es poder ayudar a las personas brindándoles soluciones integrales como: seguros de salud, Obamacare, Medicare, seguros privados, seguros de vida, dentales, de visión, seguros internacionales, y todo lo que esté a mi alcance para ayudar a la comunidad.

Sígueme en mis redes sociales para obtener contenido de valor sobre los seguros en Estados Unidos. Contáctame en cualquier situación, soy tu solución.

Instagram: @ivoheinsuranceusa
Facebook: Ivohe Insurance USA
Tik Tok: @ivoheinsuranceusa

Lilibet Salas

Especialista en colorimetría y maquillaje para novias y quinceañeras, es una estilista venezolana con más de 20 años de experiencia en el mundo de la belleza. Ofrece una amplia gama de servicios, incluyendo:

Coloración: Balayage, full color, falso crecimiento, highlight, y más

Maquillaje: para eventos especiales o para tu rutina diaria

Alisados y tratamientos de nutrición: utilizamos productos de excelencia para transformar tu cabello, dejándolo radiante, sedoso y saludable

Cortes: adaptados a las nuevas tendencias y a tu estilo personal

Lilibet Salas
BEAUTY SALON

Instagram: @Lilibetsalas_estilista
Tlf: 804-502-9002z

15

Potencia tu Vida: Las 5 Claves del Autoliderazgo

En esta edición, exploramos las 5 A's del autoliderazgo, una herramienta poderosa para alcanzar tus metas y vivir con propósito. **¡Descubre cómo aplicarlas en tu vida!**

1. Autoconocimiento: Comienza con un **"Mapa del Yo"**. Visualiza tus valores, creencias, habilidades y metas. Reflexiona sobre las áreas de mejora y cómo alinear tus acciones con tus valores y objetivos.

2. Autoestima: Refuerza tu autoestima con una **"Carta de Autoamor"**. Escribe una carta destacando tus logros y virtudes. Léela en voz alta para impulsar la confianza y el amor propio.

3. Autonomía: Activa la toma de decisiones proactivas. Identifica decisiones importantes, explora opciones y consecuencias. Luego, elige lo que mejor se alinee con tus objetivos y valores para fomentar la autonomía.

4. Autogestión: Práctica un **"Día Productivo y Consciente"**. Planifica tu día con metas claras, prioridades y tiempos asignados para tareas, descanso y actividades personales. Al final del día, revisa y aprende.

5. Automotivación: Visualiza tus metas. Cierra los ojos e imagina cómo se siente alcanzar una meta importante. Conéctate emocionalmente con el logro para encontrar la motivación en tu camino.

Estas estrategias de autoliderazgo son la clave para lograr tus objetivos y vivir una vida plena. **¡Atrévete a aplicarlas y verás cómo transforman tu camino hacia el éxito!**

"Las 5 A's del Autoliderazgo:
Claves para liderar tu propia
vida"

Franklin González
Facilitador & Coach Ontológico

@franklingonzalezcoach

Franklin González

coachfranklingonzalez@gmail.com

Franklin González

Coach, speaker & facilitador.

Autor de la experiencia vivencial Tu vida en 3D.

Creador de la Metodología C.E.E.R (conectar, explorar, expandir, reconectar).

Conductor del Programa Despertando tu Ser en 3D todos los martes 6:00 AM CDMX.

Miembro Certificado Maxwell Leadership.

Facilitador de procesos experienciales.

Facilitador de herramientas lúdicas y reflexivas, desde la fotografía terapéutica y coaching play-business.

Sesiones de Coaching 1:1 y grupales.

Talleres de Liderazgo, crecimiento personal para empresas y personales.

Atrévete a emprender

¿Cómo surgió en ti, la idea de emprender?

Durante la pandemia de Covid-19, muchos líderes se vieron obligadas a adaptarse a la situación y comenzaron a ofrecer sus servicios en línea. Esto abrió nuevas oportunidades para mí y decidí aprovecharlas para estudiar marketing y cursos de fotografía, aunque ya tenía conocimientos básicos en el tema. Gracias a esto me llevó a abrir mi propia firma y lanzar mi emprendimiento desde casa. A

través de la tecnología y el acceso a internet, he podido llegar a un público más amplio y diverso, adaptándome a las circunstancias actuales.

¿En tu opinión cuáles son las claves para un emprendimiento exitoso?

Considero que, existen varias claves importantes para lograr un emprendimiento exitoso:

❖ Es fundamental tener pasión por lo que se hace y estar motivado para enfrentar los desafíos que surjan en el camino.

❖ Identificar un nicho de mercado y comprender las necesidades de tus clientes potenciales te permitirá desarrollar productos o servicios que sean relevantes y demandados.

❖ Es importante contar con un plan de negocio sólido que incluya objetivos claros, estrategias de marketing, análisis de competencia y un plan financiero.

❖ Es esencial investigar y comprender el mercado en el que te vas a desenvolver, así como conocer a tu competencia.

❖ Ser flexible te permitirá aprovechar nuevas oportunidades y superar los desafíos que puedan surgir.

❖ El Networking y las alianzas de colaboración son importantes para establecer relaciones sólidas con otros emprendedores, clientes y profesionales de tu industria pueden ser clave para el éxito de tu emprendimiento. El networking te brinda la oportunidad de aprender de otros, obtener apoyo y colaborar en proyectos conjuntos.

❖ Ofrecer productos o servicios de calidad y brindar una excelente atención al cliente son aspectos fundamentales para construir una reputación sólida y generar lealtad. La satisfacción del cliente debe ser una prioridad en todo momento.

¿Porcentualmente, que importancia tiene la oportunidad, la pasión, la formación y la experiencia en un emprendimiento exitoso?

La importancia de cada factor puede variar dependiendo del emprendimiento y del contexto específico, por lo que no hay un porcentaje exacto que se pueda asignar a cada uno. La oportunidad, la pasión, la formación y la experiencia son factores importantes en un emprendimiento exitoso, por lo que es fundamental considerarlos de manera integral y equilibrada.

La oportunidad se refiere a identificar una necesidad o un problema en el mercado y ofrecer una solución única.

Tener pasión por lo que haces te ayudará a superar los desafíos y a mantener la perseverancia necesaria para alcanzar tus metas.

La formación te brinda las herramientas y los conocimientos necesarios para tomar decisiones informadas y desarrollar estrategias efectivas. Sin embargo, la falta de experiencia no debe ser un obstáculo para emprender, ya que se puede compensar con formación y aprendizaje continuo.

¿Has cursado estudios de fotografía o realizas tu trabajo únicamente con base en la experiencia acumulada?

Sí, he cursado estudios de fotografía. Creo firmemente en la importancia de adquirir conocimientos formales en mi campo de trabajo. A través de estos estudios, he aprendido técnicas avanzadas, conceptos de composición y edición de imágenes, lo cual me ha permitido mejorar mi trabajo y ofrecer un servicio de mayor calidad a mis clientes. La formación en fotografía me ha brindado una base sólida y me ha ayudado a destacar en el mercado.

Siempre estoy buscando oportunidades para aprender y mejorar, ya sea a través de cursos en línea, tutoriales o colaboraciones con otros profesionales. Creo en la importancia de aprovechar las oportunidades y seguir aprendiendo en mi campo de trabajo.

¿Qué te atrajo del autorretrato Photoshop e illustrator?

En el contexto de mi investigación de tesis, en la universidad el uso de Photoshop en el autorretrato permite retocar y editar fotografías, lo que brinda la posibilidad de ajustar la iluminación, el color, el contraste y otros aspectos visuales para lograr el efecto deseado en el autorretrato.

Por otro lado, illustrator es una herramienta de diseño vectorial que permite crear ilustraciones y gráficos escalables. Con illustrator, se pueden crear formas, líneas y colores personalizados para dar vida al autorretrato de una manera única.

Soy de la combinación de Photoshop e ilustrator y de otros programas ya que me brinda una amplia gama de posibilidades creativas para crear autorretratos únicos y expresivos. Estas herramientas me permiten explorar diferentes estilos, técnicas y efectos visuales para lograr resultados impactantes.

¿Quiénes son tus referentes en este tipo de fotografía?

Existen muchos referentes en la fotografía para transmitir emociones, contar historias y comunicar ideas a través de la imagen. A través de la composición, la iluminación, el enfoque y otros elementos visuales, los fotógrafos podemos crear imágenes que evocan diferentes sensaciones y transmiten mensajes específicos. Cada artista tiene su propio estilo y visión, por lo que es importante encontrar tu propia voz y expresión en este tipo de fotografía.

Admiro a muchos artistas pero cabe resaltar a Kirsty Mitchell, una fotógrafa británica conocida por su serie "Wonderland", en la que crea escenas mágicas y fantásticas utilizando técnicas de retoque digital. Sus imágenes son elaboradas y detalladas, con un estilo único y evocador.

Joel Robison, un fotógrafo canadiense que combina la fotografía con la manipulación digital para crear imágenes surrealistas y llenas de imaginación. Sus obras suelen tener un toque de humor y una estética encantadora.

Todo artista tiene un sueño que cumplir respecto a su mayor desafío, ¿cuál es el autorretrato que representaría un mayor desafío para ti?

Cada autorretrato que realizo representa un desafío para mí, ya que cada uno requiere un enfoque creativo y técnico único. Mi objetivo principal es cumplir con las expectativas del cliente y capturar su visión de una manera auténtica y artística. Cada proyecto es una oportunidad para superarme a mí mismo y crear una imagen que refleje la personalidad y las emociones del cliente. Me esfuerzo por trabajar en estrecha colaboración con el cliente, comprendiendo sus deseos y necesidades, para lograr un resultado final que los satisfaga plenamente.

¿Cree que las posibilidades que ofrecen los dispositivos móviles hoy en día, son una amenaza a la fotografía profesional?

No considero que las posibilidades que ofrecen los dispositivos móviles sean una amenaza para la fotografía profesional, si bien es cierto que los dispositivos móviles han avanzado significativamente en términos de calidad de imagen y funcionalidades, la fotografía profesional sigue teniendo su propio espacio y valor.

Los fotógrafos profesionales están capacitados para utilizar equipos especializados, entender la composición, la iluminación y la edición de imágenes de manera más profunda. La fotografía profesional sigue siendo una disciplina valiosa y necesaria en muchos ámbitos. Ambas formas de fotografía pueden coexistir y complementarse, cada una con su propio propósito y valor.

¿Qué diferencia tu marca personal de las demás?

Actualmente estoy estudiando y desarrollando un proyecto de terapia, para fortalecer mi marca personal, mi lema es: "La fotografía artística como terapia para el alma".

Es una metodología específica, una combinación de técnicas y un enfoque holístico que establece una conexión más profunda con mis clientes y les transmito confianza para entender y ayudarles. Esto puede incluir aspectos como la empatía, el respeto, la inclusión, la atención plena u otros principios que sean importantes en el proceso de trabajo.

¿Qué significó para una fotógrafa como tú, escribir tu historia como coautora en el libro Mujeres Admirables Historias de Éxito?

Al escribir mi historia de cómo la terapia me ayudó a: "RESCATAR MI VOZ", mi voz interna fue un desafío personal, espiritual y emocional importante. Antes de escribir el miedo y la inseguridad me paralizaban. Sin embargo, gracias a mi conexión con mi ser más profundo pude enfrentarlo, escribirlo con valentía y confianza en mí misma. No solo logré superar el reto, sino que también descubrí nuevas habilidades y fortalezas que desconocía.

Durante este proceso de escribir como terapia, aprendí a escuchar mi intuición y a confiar en mis instintos. Esta herramienta me brindó la oportunidad para aprender a reconocer mis miedos y limitaciones, y a transformarlos en oportunidades de crecimiento. A través de ejercicios de meditación y reflexión, logré conectar con mi esencia y encontrar respuestas a preguntas que habían estado latentes por mucho tiempo. Todo esto y más lo relato en el libro de Mujeres Admirables Vol. 2.

Realmente fue maravilloso escribir en Mujeres Admirables Historias de Éxito.

Recomiendo a todas las mujeres que deseen escribir sus historias para inspirar a otras y ayudarlas, que escriban en este libro maravilloso. Una comunidad de mujeres que dirige la autora Mariana Chiza.

¿Tiene alguna relación la fotografía con la escritura de historias?

Sí, la fotografía tiene una relación muy estrecha con la escritura de historias. Ambas formas de expresión artística comparten el objetivo de comunicar y transmitir emociones, ideas, experiencias y pueden ser utilizadas de manera conjunta para crear narrativas poderosas y evocadoras.

"A Somm's Journey"

When I was asked to write something about myself, I was flattered, but I honestly did not know how to start this piece. It is often easier to write about others. My name is Vanessa Cepero Drury, and this is a little bit of my story. Growing up, I was a bit of an introvert.

As the first US born person and first university graduate in my family, I was given certain expectations which ultimately have made me who I am today.

I always had an interest in communication and bringing people together, which really helped me in my life experiences. After working fifteen years in the television industry and learning so much during my time there, I decided to embark on a very different journey. Combining my love of travel, gastronomy, and languages, I became a Sommelier. After months of extensive

studying and tasting wines from different regions in the world with many different grape varietals, I became better versed in a topic that had always interested me. Although I was discouraged by some friends and colleagues to make this jump, I went through with it and took a chance. I fell in love with an industry in which I was one of a small group of women, but I did not feel discriminated nor ignored.

Education has always been a priority for me, and it has certainly opened doors. Yes, there were obstacles here and there, but to me those were just more learning opportunities that gave me strength to keep on going. I encourage everyone to find what they love and learn about it, to perfect their trade, and to change paths if they feel it is the right thing to do. It is okay if one fails at first or does not succeed during the second time around.

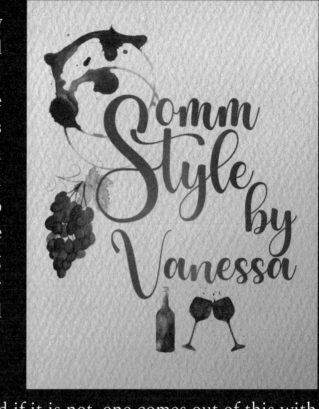

Maybe the third time is a charm, and if it is not, one comes out of this with more experience and knowledge. I am beyond grateful for my successes and failures, and I encourage everyone to give themselves a chance to find what truly makes them happy.

For more information on my company SommStyle By Vanessa, Inc. Please visit my Instagram page: SommStyleByVanessa

Este es mi método de estrategias infalible para marcas personales

Todo en la vida requiere de estrategias y organización para alcanzar el éxito, hasta en las redes sociales. Porque a pesar de que el contenido es espontáneo y, algunas veces, efímero se necesita de una planificación para que tenga un propósito y sentido.

Luego de experimentar, hacer ensayos y errores creé mi propio método de estrategias para marcas personales: ESS. Un procedimiento efectivo, que explico detalladamente en mi libro "Si van a hablar, que lo hagan bien", y que consiste en:

1. Marcas que se especialicen. Que entiendan su por qué, y que además s[e] concentre en un área específica. Aumentas tus probabilidades de llegar a l[a] mente de tu consumidor.

2. Marcas personales que manejen un lenguaje simple. Mientras má[s] sencillos seamos en redes sociales, mayor posibilidad tendremos d[e] impactar a nuestro público y generar atención (no aplica para el 100 % d[e] los casos, pero es una recomendación general).

3. Marcas sostenibles. Marcas que definan productos y servicios rentables, diferenciadores y con rotación. No solo se trata de tu pasión, sino de medir también tu mercado y lo factible que es lo que ofreces.

Al tener estos tres puntos, tu marca personal está destinada al éxito. ¡Vamos con todo! Que el tiempo no espera y menos el mundo digital.

¿Qué hacer si dudas de tu talento?

Puede ser cliché, sin embargo, lo que primero que debes saber es que eres tú mayor contrincante a vencer, nadie más. Por eso, ten cuidado con los pensamientos o los primeros resultados que obtengas cuando inicias en las redes sociales porque pueden ser tu freno de mano.

Cuestionarnos o dudar sobre lo que podemos llegar a hacer en el mundo real y digital, es común (hasta a mí me ha pasado). Sin embargo, la clave está en HACERLO. Porque si tu talento no fuera tan grandioso o no tuvieras potencial no dudarías. Es decir, dudar es saber que algo que estás por hacer será majestuoso.

Una de las grandes ventajas de las redes sociales para las marcas personales, es que mientras más real te muestres mayor conexión tendrás con su público objetivo porque la genuinidad, sencillez y personalidad siempre marcan la pauta.

Así que no busques perfección porque conseguirás frustración, en cambio cree en ti para ver cómo tu talento brilla en el mundo digital con tu marca personal. La magia eres tú, créetelo y empieza ya. Para luego es tarde.

Jesús Valbuena
+507 6637-7651
Sígueme en mis redes @socialchucho
facebook.com/socialchucho
www.socialchucho.com

Servicios Editoriales

Escanea este código para obtener una ASESORÍA GRATIS

Nos encargamos de hacer tu libro paso a paso, para que te conviertas en un autor internacional

¡CONTÁCTANOS!

+1(813) 739.9613

+1(786) 319.8872

www.women-breakingbarriers.com

Mariola Blanco

Una mujer española que ha roto barreras en los Estados Unidos

Ella es un ejemplo de perseverancia y determinación!

Mariola Blanco, también conocida como Mariolé, es una emprendedora española que dejó atrás su vida en Valencia para buscar nuevas oportunidades en Miami mudándose en 2020. Su motivación principal fue su hijo, quien tiene el síndrome de Asperger, y Mariola estaba decidida a brindarle un futuro lleno de posibilidades. Como ella dice: España siempre estará ahí, pero quiero darle la oportunidad a mi hijo de que llegue hasta donde quiera.

Mariola Inició su travesía como inversora en Miami al abrir un negocio de belleza. Fue ahí donde surgió una nueva idea innovadora en su mente: crear una red social que uniera a la comunidad española en Miami, con el tiempo no solo ayuda a españoles sino a todos Latinoamericanos con sangre española. Así nació la cuenta de Instagram @espanaenmiamifl, que se ha convertido en un punto de encuentro para todos aquellos que aman España.

El éxito de esta iniciativa abrió puertas a Mariola, quien, inspirada por su experiencia empresarial y motivación, fundó su propia empresa de eventos, Mariolé Events. Esta empresa se dedica a organizar eventos de diversa índole y se ha convertido en un referente en la comunidad de habla hispana en Miami.

Mariola Blanco es un ejemplo de perseverancia y determinación.

Agradece a los Estados Unidos por brindarle la oportunidad de desarrollar su pasión y ayudar a su hijo a alcanzar sus sueños. Su historia es un testimonio de cómo el espíritu emprendedor puede superar cualquier desafío.

Por: Mariola Blanco
Instagram: @espanaenmiamifl

Venas Hispanas

"Queremos sentir las venas que llevan sangre al corazón hispano"

El arte, la literatura y la cultura hispana se conectan cada día más con la comunidad en Estados Unidos, llevándolos a sentir emoción y empatía por todo el sentimiento que ponemos en cada cosa que hacemos.

La historia en Latinoamérica nos muestra que no todas las historias están conectadas y, sin embargo, en todas las historias podemos sentir un hilo conector que se invisibiliza en nuestra sociedad.

Como Analista y Gestora de la Cultura Hispana, conozco la necesidad de llenar los espacios vacíos que nos genera la migración y el desprendimiento de nuestras raíces, lo que nos lleva a estar constantemente en movimiento en busca de una mejor vida y un mundo más bonito. Dar a conocer nuestra cultura se ha vuelto imprescindible y esencial para construir un país tolerante, inclusivo, empático, creativo y próspero.

Es aquí donde entra la labor de un Gestor Cultural, cuyo objetivo es crear puentes y espacios con una visión ética y filosófica de nuestros hábitos y prácticas culturales, para lograr así ser un referente en las artes y la identidad cultural.

"El arte y la literatura nos llevan a experimentar una vida libre de expresión y felicidad".

Llevar nuestra cultura a la calle e integrarla con otras culturas nos lleva a observar la vida desde diferentes ángulos y reflexionar sobre nuestra existencia y misión en este lugar, entendiendo que somos parte de un todo.

La vida es fugaz, pero nuestra sangre e identidad cultural perduran y trascienden. Por eso, sentimos la necesidad de dejar evidencia de nuestra fugaz vida, y eso lo podemos lograr con las cosas que hacemos y dejamos de forma tangible a través del arte, las letras, la música y nuestra familia. No somos lo que vivimos, sino lo que dejamos plasmado como huella en los corazones y pensamientos de otras personas.

Carmen Bone es Venezolano - Ecuatoriana. Es Licenciada en Leyes, con una Maestría en Estudios de la Comunicación y Cultura y un diplomado en docencia. Le apasiona la investigación y análisis socio cultural en el campo de las emociones, motivándola a escribir sobre el sentido de la vida y desempeñarse actualmente como gestora de la cultura hispana en la ciudad de Miami.

Instagram: @CarmenBone85
Email: bone.carmen1@gmail.com
Blog: Campesinapescadora.blogspot.com

Asociación Panameña SOFLO

Fundada el 2 de agosto de 2021

La Asociación Panameña SOFLO (SOFLOPANA), anteriormente conocida como Asociación Cultural Panameña de Florida, es una organización sin fines de lucro registrada bajo la sección 501(c) (3).

SOFLOPANA se dedica a promover la cultura panameña y generar un impacto positivo en las vidas de sus compatriotas panameños en Panamá.

Nuestros programas de alcance

A través de estas iniciativas estratégicas, SOFLOPANA reafirma su compromiso inquebrantable de lograr un cambio tangible y sostenible en las vidas de nuestros compatriotas panameños. Nuestra misión corporativa está firmemente arraigada en generar un impacto real y mensurable, que refleja nuestra dedicación a elevar el bienestar y las perspectivas de la comunidad panameña.

La colección de libros MUJERES ADMIRABLES son libros compilados por la escritora Mariana Chiza, que reúne las historias de mujeres quienes, con determinación y valor narran algún acontecimiento de su pasado o de su presente, obteniendo a través del proceso de escritura su reconciliación consigo mismas y con los demás. Mujeres Admirables lleva un propósito dirigido por Dios, con un mensaje de amor, de fe y de esperanza, es una oda a la resiliencia donde cada una de las coautoras comparten desde lo más íntimo de su sentir hasta el hecho de atesorar los saberes adquiridos de la misma vida.

Cada una de ellas son mujeres valientes porque responden con sabiduría y fortaleza a los retos que en un punto de su vida les tocó vivir. Ellas son mujeres empresarias, emprendedoras, profesionales, ejecutivas y más que han traspasado las fronteras para lograr sus objetivos y que con tenacidad se han enfrentado al mundo.

En sus historias reconocen sus miedos y las crisis, que han formado parte de sus vidas, pero a la vez se muestra de que eso es la esencia de su transformación y que entienden que esos sentimientos los enfrentaron para saber que es un paso más en la vida, que las hizo fuertes y les dio el conocimiento para levantarse como una mujer de éxito.

Esta colección de libros te invita a trascender y a reflexionar al ver sus esfuerzos transformados en éxitos y en logros, son mujeres indetenibles y nunca se rinden, ellas son la mejor versión de sí mismas, han construido un camino llenos de colores bonitos, que las lleva a vivir una vida llena de paz, amor, a cumplir sus sueños y ser felices.

El proceso de escribir y de crear el contenido de un libro o ensayo necesita de una autorreflexión, en donde el individuo se detenga a pensar en sus prioridades, metas y posibles temas. Este libro ayudará a todo aquel que quiera escribir a trazar un plan, considerar sus ideas y ver con nuevos ojos su recurso más preciado a la hora de escribir: su tiempo. De igual forma, se realizó este libro con la clara intención de ayudar a descubrir la importancia de tener en cuenta que, cuando nos adentramos en el maravilloso mundo de la escritura, es vital considerar

El poder de escribir

¿Desde cuando comenzó esta pasión por la escritura?

Estoy convencida que desde mi niñez comenzó, pues yo recuerdo que desde los 7 años ya escribía en cuadernos de una sola línea que eran material obligado de mi escuela: anécdotas, curiosidades, o simplemente escenas triviales que contemplaba con mis ojos de niña y esas eran mi mayor aventura.

Aún recuerdo con cariño todas las cartas que escribía a mis padres, hermanas y amigas, y no era porque no teníamos teléfono, sino que me apasionaba poder detallar con palabras lo que mis ojos veían y lo que mis oídos escuchaban, así como también esos pensamientos, emociones e ideas que emanaban de lo más profundo del laberinto de mi inconsciente.

Definitivamente el haber tenido padres universitarios, influyó en mi amor por la escritura, aunque por muchos años no lo hice de manera profesional.

Fue en el año 2020 que decidí publicar mi primer libro, y este fue el resultado de haber escrito mas que como desahogo, como un acto de rebeldía a ciertas situaciones que me sucedieron, donde la escritura fue mi catarsis y mi herramienta para poder confrontar todas las cosas que las llevaba enterradas en mi alma y que no me atrevía a sacarlas.

Esta experiencia personal y profesional sembró en mí nuevas interrogantes, ¿y si esto que me pasó a mí les pasa a otras mujeres? ¿Y si mi experiencia la puedo compartir? ¿Y si con las vivencias de otras mujeres podemos ayudar a otras? ¿Cuál es el camino para que juntas logremos superar las dificultades que se nos han presentado?

Quizás suene trillado, pero esto no quita que sea verdad el viejo dicho "unidas somos más fuertes y llegamos más lejos", por esto es que decidí que mi obra no sería únicamente escribir un libro, sino crear una organización para apoyar y guiar a otras mujeres a escribir su historia, para que la confronten, la superen, y se transformen en entes de inspiración para otras.

El proceso de la escritura no es simple, requiere disciplina, dedicación, paciencia y un profundo amor personal, pues se trata de describir y revivir situaciones, vivencias, recuerdos que nos definen para dejar un mensaje.

Cuando escribes tu historia, invariablemente te confrontas contigo mismo, con quien fuiste y con quien eres, con las decisiones erradas o acertadas que tomaste y sus consecuencias, que al final te definen y que de cierta manera predicen a dónde vas a llegar.

A partir del año 2020 encontré mi propósito de vida, cada año escribo un libro y lo mejor de todo es que no lo hago sola, lo realizó acompañada de mujeres maravillosas, donde cada una se expresa de manera natural y lo hacen narrando un episodio importante de su vida. Son muchas las emociones y satisfacciones que recibo cada año porque escribir es una potente herramienta para sanar, perdonar y enfrentar emociones. Escribir nos permite conocernos y recuperarnos de algún malestar de ansiedad y depresión, nos ayuda a tener más claros nuestros objetivos y nuestros pensamientos, así como entender las situaciones de otros.

Por eso te animo a escribir, háblate a ti mismo y escúchalo que tienes que decirte, recuerda que eres más que un cuerpo y una mente, eres un maravilloso ser humano lleno de dones y talentos, de sueños y anhelos que solo esperan a que tu decidas que ya es hora de alcanzarlas.

Te invitamos a formar parte de la Comunidad Internacional

Mujeres admirables

3Mujeres con propósitos, empoderadas, líderes en diferentes áreas, quienes desde cualquier lugar del mundo se dedican a inspirar y motivar a otras mujeres al pleno logro de sus propósitos, ofreciéndoles herramientas de interacción humana para recordarles que ninguna circunstancia, por difícil que sea, puede conspirar contra su potencial, y sus más acariciados sueños.

Únete escribiendo tu historia este 2024 en nuestra colección de libros Mujeres Admirables Vol.3.

Mariana Chiza Es Licenciada en Recursos Humanos, Administradora de Empresas Turísticas, Locutora, Life Coach egresada de la Universidad Iberoamericana de Liderazgo en Miami, con experiencia en el área de la comunicación. Coach literaria, coach de oratoria y dicción, autora del libro Sobreviviendo a Tres Divorcios y del Vol.1 Y 2 Mujeres Admirables ambos Amazon Best Seller. También ha sido coautora de dos libros Best Seller. Es creadora de las "7 maneras comprobadas para nunca rendirte", mensaje que la ha llevado a convertirse en conferencista inspirando a otras mujeres a encontrar su propósito de vida y el éxito personal.

Mariana tiene una amplia experiencia en el área de relaciones humanas por más de 23 años, ha trabajado en importantes empresas editoriales y farmacéuticas. Toda esa experiencia la ha enriquecido para convertirse en una exitosa empresaria, ha sabido enfrentar grandes adversidades hasta lograr su propósito de vida. En su visión de motivar a las mujeres a desarrollarse al máximo, apoyarlas a sanar y superar dificultades de la vida, visualizo esta colección de libros, cuyo segundo volumen se presenta en esta obra, siendo ella la fundadora de la Comunidad Internacional Mujeres Admirables y autora principal de la colección de libros Mujeres Admirables. Para Mariana nada es imposible y sigue soñando con otros proyectos. Con su socia y amiga Patricia Betancourt crearon la editorial Women Breaking Barriers, con el fin de apoyar a mujeres y hombres a prosperar y maximizar su potencial como escritores.

Mariana es venezolana, madre de 3 hermosos hijos y abuela de dos nietas. Para Mariana ser coach de mujeres ha sido un reto maravilloso, de mucho aprendizaje, de momentos en donde la empatía, la paciencia y el amor hacia los demás han tenido su principal actuación.

Email:
mujeresadmirables2022@gmail.com
@mujeresadmirables25

Promotora de la Educación y la Cultura Hispana en los Estados Unidos

Patricia Betancourt Niño es una destacada profesora y escritora panameña que ha dejado una huella indeleble en el mundo de la educación y la cultura en los Estados Unidos. A lo largo de su carrera, ha demostrado un compromiso inquebrantable con la promoción del conocimiento y la apreciación de la rica herencia cultural de Latinoamérica y España.

Betancourt, nacida en Panamá, se trasladó a los Estados Unidos por motivos familiares a California en donde nació su único hijo, Isaac Hackett. Desde el año 2000 ha dedicado su vida a fomentar la educación y la literatura.

Como profesora, ha influido positivamente en la vida de innumerables estudiantes, compartiendo su pasión por la literatura y la escritura.

Uno de los logros más destacados de Patricia Betancourt es su compromiso con la enseñanza del idioma español. Su enfoque en promocionar la literatura iberoamericana ha sido fundamental para preservar y transmitir la cultura y tradiciones latinas en un entorno multicultural Además de su labor como educadora, Patricia Betancourt es una escritora. Publicó su primer libro **"Tu alma en el papel"** digitalmente en octubre del 2022.

La segunda edición de su libro fue presentada en la Biblioteca Nacional de Panamá el pasado 27 de julio, 2023. La intención de Betancourt al escribir este libro es promover la escritura y utilización correcta del idioma español no solamente en los Estados Unidos, sino en el mundo entero. Cabe destacar que Patricia Betancourt también ha sido coautora de dos libros Best Sellers, uno con el grupo **"Mujeres admirables"** y otro con el grupo de escritoras **"Mujeres Dreams Boss"**.

Desde principios del 2023 Betancourt ha dedicado su tiempo y energía a su nuevo proyecto editorial **"Women Breaking-Barriers: Mujeres con voz propia"** con su amiga y socia, la escritora venezolana Mariana Chiza. Betancourt desea utilizar todo su conocimiento académico en asesorar a grupos de mujeres emprendedoras en Latinoamérica para que logren cumplir su sueño de escribir un libro. Patricia junto a Mariana presentaron su primer encuentro literario en honor a Antonio Machado con 8 escritores iberoamericanos el pasado mes de octubre 2023 en la ciudad de Miami, Florida con un éxito rotundo.

Además de sus logros en el ámbito académico y literario, Patricia Betancourt también es una apasionada defensora de la cultura hispana en los Estados Unidos. Ha organizado en los últimos 15 años eventos culturales, exposiciones y charlas para promover el conocimiento y la apreciación de la rica tradición de España y Latinoamérica.

El compromiso de Betancourt con la educación, la literatura y la promoción de la cultura de hispana ha tenido un impacto duradero en la comunidad y ha enriquecido la vida de quienes tienen la suerte de cruzar su camino. Su legado como profesora y escritora sigue inspirando a generaciones de estudiantes y amantes de la cultura latina en el mundo.

Mirna C. González

El Teatro, un medio de aprendizaje poderoso

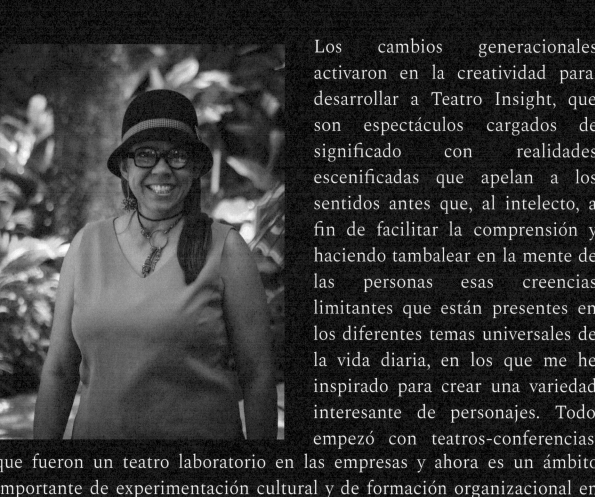

Los cambios generacionales activaron en la creatividad para desarrollar a Teatro Insight, que son espectáculos cargados de significado con realidades escenificadas que apelan a los sentidos antes que, al intelecto, a fin de facilitar la comprensión y haciendo tambalear en la mente de las personas esas creencias limitantes que están presentes en los diferentes temas universales de la vida diaria, en los que me he inspirado para crear una variedad interesante de personajes. Todo empezó con teatros-conferencias que fueron un teatro laboratorio en las empresas y ahora es un ámbito importante de experimentación cultural y de formación organizacional en pleno auge, ya que sirve como actividad formativa, recreativa, cultural, de deporte emocional y turístico porque lleva a las personas por sus propios paisajes emotivos.

En los teatros-conferencias o foro-teatro desarrollo la interpretación de un contenido con el arte de la palabra en primera persona, en el que existen las acciones y lo convierto en texto o guiones, con los procedimientos y objetivos que se precisen y que persigo con el tema. Estos procesos de aprendizaje están basados en una rica presentación sensorial donde, por medio de canciones, integración global, dramatizaciones, juegos, imaginación, diálogos, roles, elementos, códigos entre otros se cumplen los objetivos del contenido de una manera entretenida y al mismo tiempo eficaz para ser recordado. Dedico mi energía a conseguir del espectador su curiosidad para llevarlo a la máxima capacidad de reflexión con moderación y tiendo a enfatizar las emociones con la libertad que me da la improvisación con el objeto de destacar el contenido de la obra,

dando rienda suelta a los instintos; usando determinados estados de ánimo por medio de elementos simbólicos y gestos claves de gran sutileza o deliberadamente exagerados para cerrar la experiencia con un sello imborrable en su mente.

Autor: Mirna C. González

Conferencista Internacional – Coach de Escenario - Actriz

+1-3053897839
www.mirnagonzalez.com
@mirnagonzalez.oficial

Life is Pichi

¿Qué es?

Life is Pichi es una fundación sin fines de lucro que fue creada a raíz de nuestra experiencia como padres de una niña con necesidades especiales y vivir en carne propia las dificultades y retos que eso significa.

El objetivo de Life is Pichi es ayudar a niños que nacieron con el mismo diagnóstico de Sofía, nuestra hija a quien le decimos Pichi, y tiene retraso en el desarrollo intelectual, psicomotor y neurológico.

También queremos crear consciencia porque estamos convencidos que todavía falta mucho camino por recorrer para que las personas con discapacidades sean incluidas de manera masiva en la sociedad.

¿Qué es?

Pichi es nuestra hija Sofía. A los 7 meses de edad fue diagnosticada con hipoplasia del cuerpo calloso que es la estructura del cerebro que permite que ambos hemisferios se comuniquen entre sí. Si no se desarrolla bien pueden presentarse problemas en el sistema nervioso central.

Con el mismo estudio se dieron cuenta que Sofía nació con un cerebro más pequeño de lo normal, con poca mielina, que es una sustancia que se encarga de proteger una parte de las neuronas y permite que los estímulos nerviosos que envía el cerebro a través de las neuronas circulen correctamente.

Esto ha hecho que Sofía tenga un retraso global en su desarrollo que afecta la parte psicomotora, visual, neurológica, intelectual y social.

Actualmente Sofía, de 8 años de edad, no ve bien (ha sido diagnosticada con discapacidad cortical visual), no mastica la comida, no dice palabras, no camina con seguridad ya que su equilibrio no es perfecto, no sostiene las cosas por mucho tiempo en sus manos y no va al baño sola, por mencionar algunas pocas.

¿Cuál es el pronóstico de Sofía? Nadie lo sabe. Ningún especialista puede asegurar de qué será capaz Sofía a futuro. Lo único que se puede hacer es terapia, terapia y más terapia que estimule su cerebro y él solo busque las vías para compensar las fallas que tiene, así como utilizar aparatos o equipos que la ayuden a ser más independiente.

¿Cómo pueden ayudar?

La primera manera cómo puedes ayudar es haciendo un donativo. No importa la cantidad. Cada aporte ayuda.

La segunda es donando algo que pueda servir a otros niños como sillas especiales, caminadoras, aparatos para la estimulación cerebral, servicios

(si eres terapeuta o un lugar donde ofrecen terapias alternativas, puedes donar horas de terapia), por mencionar alguna idea.

La tercera es comprando los accesorios que hace Loly, la mamá de Sofía.

Parte de las ganancias son destinadas a la fundación.

www.lifeispichi.com
https://www.instagram.com/lifeispichi/
lifeispichi2014@gmail.com

Imagen y palabra

Es de todos conocido que en el cerebro hay unas cajitas para guardar cosas. En unas guardamos las palabras, y en otras guardamos las imágenes. Y, cada vez que hace falta, a través de un pequeño cablecito, conectamos unas con las otras, para enviarlas a la caja, un poco más grande y pesada, de los conceptos.

Imagen y Palabra
Una no existe sin la otra
(Manifesto Conceptual).
Guillermo Gambini

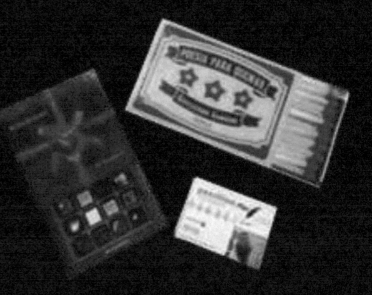

Guillermo Gambini cree que el arte es uno solo. La literatura, la música, el teatro y la plástica son ramas del mismo árbol frondoso que constantemente ofrece sus frutos inagotables.

Al inicio, su interés por la literatura lo llevó a devorar incontables volúmenes llenos de conocimiento y aventuras. Fue entonces cuando entre las hojas gastadas de las bibliotecas descubrió los libros de Historia del Arte, y todo tuvo sentido.

Su experiencia como juez, y abogado por más de 30 años le han dado una amplia visión de la sociedad humana, sus necesidades e intereses, lo que revela en su obra plástica. En el trabajo de Gambini, también encontramos el humor en la incesante conversación con el espectador.

En 2014 se muda a Buenos Aires, y la Sociedad Argentina de Escritores le invita a publicar sus cuatro primeros libros de poesía, los que presenta en diseños inusuales y muy atractivos: Poesía para quemar, Poesilina Plus y Bombones, se convierten de inmediato en un suceso editorial, atrayendo la atención, incluso, del Premio Nobel de Literatura Mario Vargas Llosa.

Desde 2018, en Miami, ha volcado su espíritu creativo hacia el Arte Conceptual. Una suerte de juego libre que permite al espectador interactuar con la obra, dando a cada una de las piezas un sinfín de interpretaciones, cada vez distintas.
Dieciséis exhibiciones, y un año como artista residente de Art-Serve Florida han comentado su presencia en la nueva vanguardia del arte conceptual americano.

Contacto:
Instagram: @guillermo_gambini.
Web: www.guillermogambini.com

Despertando

Las ideas y los proyectos nacieron en el río
mientras lavábamos sus ropas sucias.
Tan pronto nos escucharon,
nuestros cuerpos se fueron flotando río abajo,
demudados y mutilados.
Serpenteando sin conocimiento
para que los vieran con espanto otras mujeres.
Y nacimos de nuevo.
Y bajo el almendro conspiramos,
iluminadas solo con la luna llena,
cantamos desnudas,
hasta que nos ataron a esos árboles e hicieron hogueras.
Asegurándose que las cenizas de nuestras afiladas lenguas llegaran a
otros pueblos.
Y volvimos a nacer.
Escribimos y escondimos nuestros nombres en seudónimos
y repartimos nuestra revolución como semillas.
Pero nos descubrieron y nos pisotearon.
Enterraron nuestras caras con los ojos recién abiertos.
Una y otra vez volvimos.
De la humillación sacábamos garras y nos colgábamos de la esperanza.
Nos amarraron para parir y dibujaron como querían nuestros cuerpos.
Los modelaron a latigazos.
Hasta que lograron que cometiéramos autoflagelación.
Nos amordazaron y dijeron que éramos débiles.

Muchas lo creyeron y se atrofiaron.

Y a las que nos atrevimos, nos empujaron a los abismos.

Pero renacimos.

Y con las mordazas anudadas,

hicimos una cuerda para rescatar a las de abajo,

y de las semillas pisoteadas brotaron ideas y revoluciones.

Y de los ojos llenos de tierra nos alcanzaron poderosas

visiones.

De nuestras lágrimas se llenaron los ríos,

por los que ya no pasan mujeres picoteadas de zamuros.

Y firmamos nuestros libros,

navegamos en nuestros barcos recién construidos,

llenamos las aulas y las urnas electorales.

Apagamos las hogueras.

Defendimos los derechos y renacimos.

Mujeres de muchas vidas con lenguas afiladas.

Vestidas de cenizas, abriendo los ojos corriente abajo.

Despertando.

Nery Santos Gómez, es escritora venezolana. Licenciada en Relaciones Industriales (Universidad Andrés Bello, Caracas) y Máster en Creación Literaria (Universidad del Sagrado Corazón, Puerto Rico). Obtuvo el título de writing consultant, del Borinquen Writing Project y formó parte de la junta directiva de la Cofradía de Escritores de Puerto Rico (2013-2014). Es miembro de número de la Academia Colombiana de Letras y Filosofía.

Y miembro Asociado Madrid Del capítulo Reino de España de a Academia Norteamericana de Literatura Moderna Internacional del Estado de New Jersey E.U.A.

Ganadora de varios concursos internacionales de literatura, entre estos, Ediciones Literarte, Argentina, 2013; antología Palenque, Premio Pen Club de Puerto Rico, 2014; primer lugar para mejor libro de historias cortas de ficción en español y dos segundos lugares en el "International Latino book awards" Los Ángeles, California, USA del 2019 y luego en el 2020 repite con dos menciones de honor.

Publicó su primer libro de cuentos "Hilandera de tramas, historias escondidas"en el año 2012. En el 2018 pública "Lazareto de Afecciones", seleccionado por la crítica del periódico El Nuevo Día como uno de los mejores libros del 2018. Dos relatos de este libro "Afecciones" y "Entre tus fibras", hacen parte del cortometraje Afecciones.

"Al borde de la decencia", publicada por el grupo editorial Sial Pigmalión de España (2019), es su tercer volumen de relatos. Con el ganó el premio Anais Nin 2019 de literatura erótica en Madrid, España, y dos menciones de honor en los Latino book awards del 2020 en los Ángeles California.

En febrero del 2020 publica su libro "Lazareto de afecciones" en Inglés titulado ahora: "Transcending the lazareto "y en marzo la versión española aumentada con nuevo prólogo y nuevos relatos. En marzo del 2020 coordina y publica la antología "Cuarentena Literaria, relatos y poemas escapados del encierro" junto con 39 autores más. En octubre 2022 coordina y publica "Frankfurt territorio literario" con 45 autores más presentado en la feria del libro de Frankfurt. En el 2022 publica el libro infantil bilingüe "El baile de los colores" y en el 2023 "Almazuela".

Blog: Hilanderadetramaswordpress.com
Web page: Nerysantoswriter.com

Mi Pasión Por El Diseño

Soy una mujer muy creativa que me ha gustado desde niña el mundo de la moda y los accesorios, creo fielmente que las mujeres realzan su belleza solo con un toque personal.

Desde mi llegada a los Estados Unidos hace once años, mi meta ha sido seguir mi pasión por el diseño. Mi nombre es Helga Terán nacida en Valencia – Venezuela, contadora de profesión y los accesorios mi gran amor. He tenido el privilegio de convertir mi pasión en una carrera creativa en constante evolución.

Mi historia en el mundo del diseño de accesorios comenzó durante mis años universitarios en Venezuela. Inspirada por la moda y motivada por el hecho de que mi mamá tenía una tienda de ropa. Comencé a experimentar con la creación de accesorios únicos para complementar las prendas que vendía en su tienda. Fue allí donde nació mi amor por el diseño y donde descubrí mi capacidad para transformar materiales en piezas de arte.

El proceso creativo se convirtió en mi mayor fuente de satisfacción, desde la concepción de una idea hasta la selección de materiales y la creación de prototipos, cada etapa me sumerge en un mundo de posibilidades, cada accesorio que diseño cuenta una historia, por ejemplo los corazones representan amor a Dios y el latido latente de ayudar y realzar la belleza de la mujer.

Mi viaje como diseñadora no ha estado exento de desafíos, pero cada obstáculo ha fortalecido mi determinación y enriquecido mi enfoque creativo. Ahora aparte de mis accesorios intervengo ropa para darle un toque personal que me identifique.

En mi taller sigo explorando nuevas técnicas y tendencias, siempre buscando la manera de sorprender y deleitar a mis clientes con accesorios únicos y hermosos. Cada dia es una oportunidad para crear algo especial, porque mi objetivo es que cada pieza que creo no solo sea un accesorio, sino una obra de arte que cuente una historia que conecte con el corazón de quienes la llevan. Nunca es tarde para empezar lo importante que es lograr tus sueños.

Instagram: @helga_teran
Facebook: Helga Teran Design

I decided to pursue my career in Computer Science & Statistics at an early age inspired by my father's footsteps as a mathematician, physicist and engineer, I have always been taught that I could accomplished anything I set my mind to do and my curiosity about how all things worked, went well along with the emerging computer technology at the time, which let me to where I am today.

I graduated as an Engineer in Computer Science and Statistics where I started to develop both my love for science and mathematics but also in leadership as I was elected President of the student body in my freshman year.

During the course of my 4-year degree, I got married and became a mother to a wonderful daughter, this inspired me and accelerated my goals to complete my education faster. I remember making a promise to myself and

my daughter that success was not an option but a destination!

Technology has been my passion ever since; I have worked in this field for over 30 years. I started as a computer salesperson, where I not only helped my customers with new equipment but also repairing their PC'swhich gave me he opportunity to apply my hardware and software skills.

Fast forward now after relocating to a new country where I had to not only overcome language, cultural and ethnic barriers but also the fact that I was a minority in a men dominated field and that's where my journey truly began.

I started working my way up while working in entry level jobs such as data entry and computer operator positions, but always displaying the pride of being a "Latina" and using my bilingual skills to help the companies that I worked for. Looking for opportunities to succeed is key!

While technology, cultural and language barriers were not the only barriers to overcome but rather a matter of perception, of bias and that of a minority and an immigrant... Proving myself technically, so the challenge was on!

I remember very clearly my first interview where I was asked about the "American dream" and where I also had to translate and explain my credits to my prospective employer.

While on the job I was constantly challenged about the properness of the usage of my English language.

One thing that helped me was that I never questioned my self-worthiness and I continued to believe in my skills and what I brought to the table. You must be your biggest fan!

Seeing every challenge as an opportunity to grow and learn from those experiences and letting my work speak for me, as my parents would have said, let it be your letter of presentation.

Since then, I have worked on many OS platforms, scripting and developing in multiple programming languages and managed large scale database systems.

Early on I started finding a lot of value in getting involved in technology user groups, collaborating with them, and eventually becoming part of the leadership and helping organize learning and networking events.

I learned how to become a public speaker, and eventually helped coach my peers.

I started the South Florida SQL Server User group (SFSSUG) non-profit organization for data professionals, and have been recognized by the Professional Association for SQL Server (PASS) a worldwide organization.

I also run an annual conference for data professionals "SQL Saturday South Florida" and created the now national brand "SQL Speaker Idol".

I have been invited to many conferences among them, South FL Code Camp, "SUPx" a conference for startups, "Women in Data Science in Miami", Empower FL., and "Women international day at Microsoft."

In summary, I have developed a passion about helping my peers, through coaching and evangelizing the technical community about the Microsoft Data platform and the Azure cloud data solutions.

Barriers are something that you overcome every day as you move into new roles and grow in your career.

It requires grit and a lot of determination and knowing that you can accomplish anything if you set goals, work hard, and continue learning new skills to complement your overall knowledge. But none of this can be acquired without being open to collaborating and staying open minded.

Diana Betancourt
Customer Engineer at Microsoft
LinkedIn: Diana M Betancourt

Carola Balloons

Diseñadora de Arte con Globos
Balloon art designer

(+1) 813 3703297

@Carolaballoons

Decoracion de Fiestas y Bouquets de Globos.

Sigueme para más diseños y tendencias

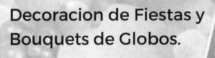

@CAROLABALLOONS

Fotografía de: Mauricio Velázquez

Fotografía de: Mauricio Velázquez

Fotografía de: Mauricio Velázquez

Fotografía de: Mauricio Velázquez

59

El enorme reto de interpretar Guitarra Flamenca

Álvaro Franco es nacido en Cali-Colombia, es un intérprete de Guitarra Flamenca. Su repertorio es una selección de palos o ritmos de la Guitarra Flamenca de concierto (Taranta, Tangos, Bulería, Zapateado, Minera, Fandango, etc.) con obras de conocidos autores y otras composiciones propias.

Su pasión por la música se inicia en su infancia, estudiando en la escuela infantil en su país natal, se destaca por el género del rock, luego pasa a estudiar en la escuela juvenil y continúa desarrollándose como músico. Su familia era melómana, de allí deriva la gran influencia de la música en Álvaro, su abuela era una amante de Paco de Lucia, así como de otros géneros musicales, además coleccionaba discos. Al partir de este mundo deja un gran legado y es donde Álvaro se enfoca en continuar con esa herencia musical.

Es Economista, graduado en la Universidad Autónoma de Occidente en Cali, sin embargo su historia musical le acompaña cada día de su vida.

Al radicarse en Estados Unidos, toma la decisión de dar un giro a su relación con la música y empieza el enorme reto de interpretar Guitarra Flamenca, se convierte en un aprendiz autodidacta de este género musical, que ya le era conocida dentro de sus gustos musicales y al que siempre admiró desde que escuchó a Paco de Lucia y Vicente Amigo. Su formación musical y su preferencia por géneros musicales de difícil interpretación como el Jazz, el Rock y la Guitarra Clásica, se unieron para acompañar su exploración, con profundo respeto, de los palos o ritmos más representativos de la Guitarra Flamenca de Concierto actual.

Hoy en día Álvaro es un extraordinario Guitarrista Flamenco, se expresa a través de la música y cada día continúa especializándose, porque nunca se deja de aprender.

"La guitarra me ha ofrecido la capacidad de poder expresarme con el resto del mundo sin utilizar la palabra."

Paco de Lucía

ALVARO FRANCO

Guitarrista Flamenco

"El camino hacia el éxito: Angélica Cosmetics Coach y su impacto en la autoestima de las mujeres"

En un mundo donde los estándares de belleza parecen inalcanzables, Angélica Cosmetics Coach ha surgido como un faro de luz para las mujeres que desean abrazar su verdadera belleza. Como fundadora y dueña de esta inspiradora marca, me enorgullece contarles sobre el apasionante proceso profesional y emocional que nos ha llevado a donde estamos hoy.

Desde el primer día, mi misión ha sido cambiar paradigmas y elevar la autoestima de las mujeres. Sé que la belleza va más allá de lo superficial, radica en el reconocimiento y aceptación de nuestra singularidad. Es por eso que ofrezco asesoría personalizada, guiando a cada mujer en el descubrimiento de su propia belleza, aquella que emana desde lo más profundo de su corazón.

Nuestro enfoque no se limita únicamente al aspecto físico, sino que abarco el bienestar emocional y mental. Creo firmemente que cuando una mujer se siente bien consigo misma, irradia una luz única y auténtica. Es esa luz propia la que quiero despertar en cada una de mis clientas.

A lo largo de este recorrido, he sido testigo de transformaciones impactantes. He visto cómo mujeres tímidas se convierten en confidentes, cómo las inseguridades se desvanecen y cómo se abren paso hacia una vida llena de empoderamiento. Cada historia de éxito es un recordatorio constante de por qué hacemos lo que hacemos.

En Angélica Cosmetics Coach, no solo ofrezco productos de alta calidad, sino también un espacio seguro y acogedor donde las mujeres pueden explorar su belleza interior y exterior. Estoy comprometida a brindar una experiencia única, inspirando a cada mujer a brillar con luz propia.

El viaje no ha sido fácil, pero cada obstáculo ha sido superado con determinación y pasión. Estoy emocionada por lo que el futuro nos depara y esperando seguir impactando la vida de más mujeres, ayudándolas a descubrir su belleza única y auténtica.

En resumen, Angélica Cosmetics Coach es mucho más que una marca de belleza, es un movimiento que busca empoderar a las mujeres y transformar vidas. Estoy aquí para recordarte que eres hermosa tal como eres. ¡Únete a este gran viaje hacia la autoestima y el amor propio!"

Contacto:
Email: angelicacosmeticscoach@gmail.com
Instagram: @angelicacosmeticscoach

Editora y Redactora

Quienes pensaron alguna vez, que cumplir al pie de la letra aquella famosa frase del escritor cubano José Martí que dice que, toda persona debe "plantar un árbol, tener un hijo y escribir un libro", es algo imposible, les comento que sí es posible escribir y que cualquiera que tenga una historia para contar, puede hacerlo.

La escritura se encuentra en un auge sin precedentes, debido a las nuevas tecnologías y a las posibilidades que ofrecen a los noveles escritores. Pongo a disposición de quienes hasta el momento no se han decidido a dar el gran paso, mis fortalezas como redactora con más de tres décadas de experiencia en diarios y revistas; como coautora y editora de los dos volúmenes de la colección "Mujeres admirables" y como docente de periodismo informativo, de opinión e interpretativo en varias instituciones universitarias de Venezuela.

Dispongo de conocimientos tanto en el área de redacción periodística, como literaria, y científica, ensayos, relatos breves, crónicas, reportajes y entrevistas.

Mi formación como periodista en medios impresos en la Pontificia Universidad Javeriana de Bogotá y en la Universidad Central de Venezuela, me califican como una editora, minuciosa y exigente para ofrecer un trabajo de calidad a quien lo solicite.

ideaswordsandtexts@gmail.com
redaccionenline@gmail.com
@Luzdeliar20

Ballon Decorations
For All Occasions

Decoraciones Con Globos
Para Toda Ocasión

786-436-6412

@twinsballoonss

Miami, Fl

MARIO QUINTERO
ESTILISTA

¡Bienvenidos a mi mundo de la belleza y el estilo!

Como estilista apasionado, mi objetivo es realzar la belleza natural de cada persona que confía en mis manos. Con años de experiencia en la industria y una creatividad sin límites, ofrezco una amplia gama de servicios de belleza para hacer que te sientas y te veas espectacular en cualquier ocasión.

Tu belleza es mi lienzo, y cada visita a mi estudio es una oportunidad para crear una obra de arte

MIS SERVICIOS
DESTACADOS

★ Cortes de cabello
★ Coloración
★ Extensiones de Cabello 100% natural.
★ Peinados y Recogidos
★ Tratamientos Capilares: botox, keratina, aminoácidos y mucho mas.
★ Maquillaje

MARIO QUINTERO
HAIR STYLIST | MAKEUP
HAIR EXTENSION SPECIALIST

Listo para una transformación? ¡Hablemos! Teléfono: 786-2172901

Made in the USA
Columbia, SC
02 May 2024

35010416R10042